skóli - école	2
ferðalög - voyage	5
samgöngur - transport	8
borg - ville	10
landslag - paysage	14
veitingastaður - restaurant	17
kjörbúð - supermarché	20
drykkir - boissons	22
matur - alimentation	23
bær - ferme	27
hús - maison	31
stofa - salon	33
eldhús - cuisine	35
baðherbergi - salle de bain	38
barnaherbergi - chambre d'enfant	42
föt - vêtements	44
skrifstofa - bureau	49
hagkerfi - économie	51
starfsgreinar - professions	53
verkfæri - outils	56
hljóðfæri - instruments de musique	57
dýragarður - zoo	59
íþróttir - sports	62
athafnir - activités	63
fjölskylda - famille	67
líkami - corps	68
sjúkrahús - hôpital	72
neyðartilvik - urgence	76
Jörð - terre	77
klukka - ...heure(s)	79
vika - semaine	80
ár - année	81
form - formes	83
litir - couleurs	84
andstæður - oppositions	85
tölur - nombres	88
tungumál - langues	90
hver / hvað / hvernig - qui / quoi / comment	91
hvar - où	92

Impressum
Verlag: BABADADA GmbH, Nedderfeld 112 , 22529 Hamburg
Geschäftsführer / Verlagsleitung: Harald Hof
Druck: Books on Demand GmbH, In de Tarpen 42, 22848 Norderstedt

Imprint
Publisher: BABADADA GmbH, Nedderfeld 112 , 22529 Hamburg, Germany
Managing Director / Publishing direction: Harald Hof
Print: Books on Demand GmbH, In de Tarpen 42, 22848 Norderstedt

1

skóli

école

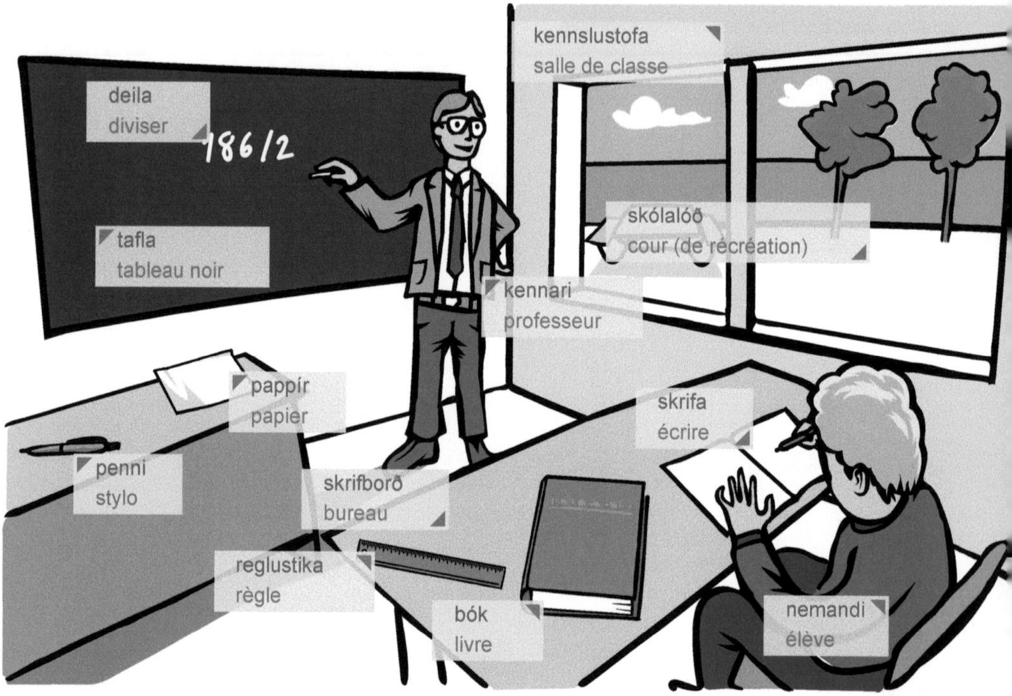
kennslustofa
salle de classe
deila
diviser
186/2
tafla
tableau noir
skólalóð
cour (de récréation)
kennari
professeur
pappír
papier
skrifa
écrire
penni
stylo
skrifborð
bureau
reglustika
règle
bók
livre
nemandi
élève

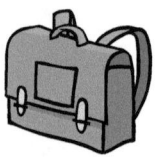

skólataska

cartable

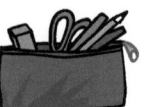

pennaveski

trousse

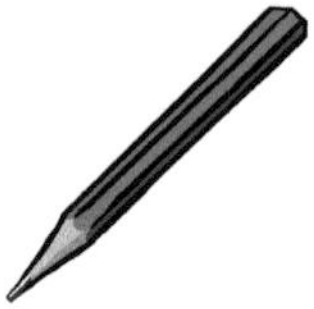

blýantur

crayon

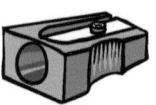

yddari

taille-crayon

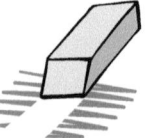

strokleður

gomme

teikniblað

carnet à dessin

teikning
dessin

pensill
pinceau

litakassi
boîte de peinture

skæri
ciseaux

lím
colle

æfingabók
cahier d'exercices

heimavinna
devoirs

númer
chiffre

leggja saman
additionner

draga frá
soustraire

margfalda
multiplier

reikna
calculer

bréf
lettre

stafróf
alphabet

orð
mot

texti

texte

lesa

lire

krít

craie

kennslustund

leçon

kladdi

livre de classe

próf

examen

vottorð

certificat

skólabúningur

uniforme scolaire

menntun

formation

alfræðirit

lexique

háskóli

université

smásjá

microscope

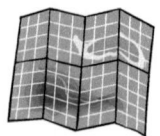

kort

carte

ruslakarfa

corbeille à papier

skóli - école

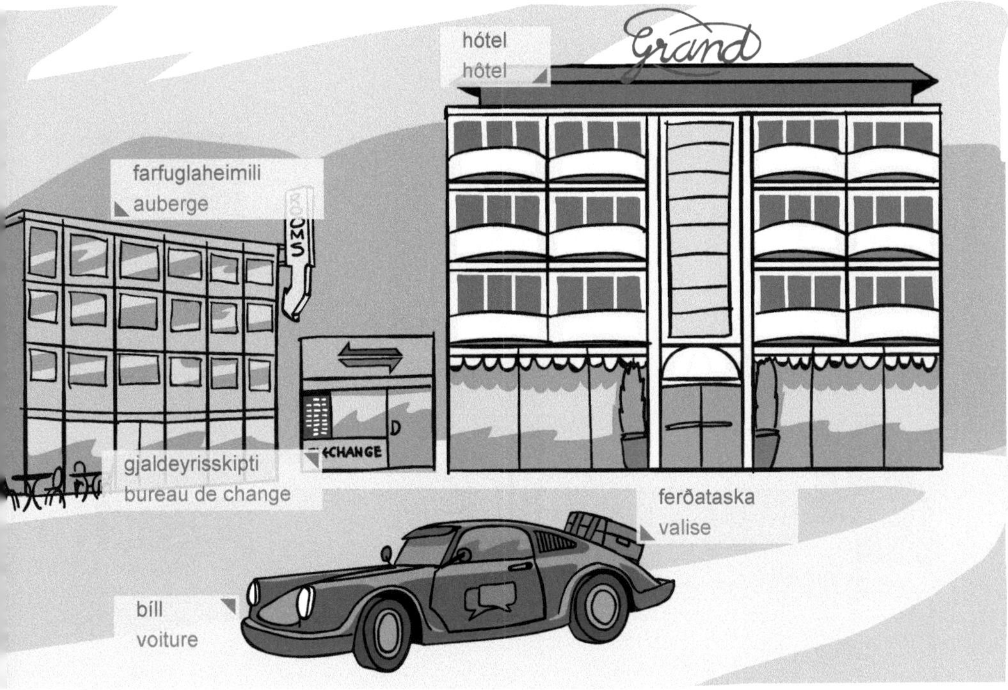

hótel
hôtel
Grand
farfuglaheimili
auberge
ROOMS
gjaldeyrisskipti
bureau de change
EXCHANGE
ferðataska
valise
bíll
voiture

tungumál

langue

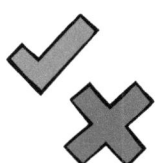

já / nei

oui / non

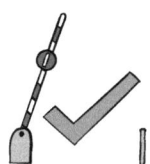

allt í lagi

d'accord

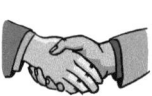

halló

Salut

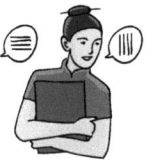

þýðandi

interprète

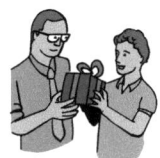

takk fyrir

merci

hvað kostar...?

Combien coûte...?

Ég skil ekki

Je ne comprends pas

vandamál

problème

Gott kvöld!

Bonsoir !

Góðan dag!

Bonjour !

Góða nótt!

Bonne nuit !

bless bless

Au revoir

átt

direction

farangur

bagages

taska

sac

bakpoki

sac-à-dos

gestur

hôte

herbergi

pièce

svefnpoki

sac de couchage

tjald

tente

upplýsingamiðstöð

office de tourisme

strönd

plage

kreditkort

carte de crédit

morgunverður

petit-déjeuner

hádegisverður

déjeuner

kvöldmatur

dîner

farmiði

billet

lyfta

ascenseur

frímerki

timbre

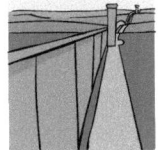

landamæri

frontière

tollur

douane

sendiráð

ambassade

vegabréfsáritun

visa

vegabréf

passeport

samgöngur

transport

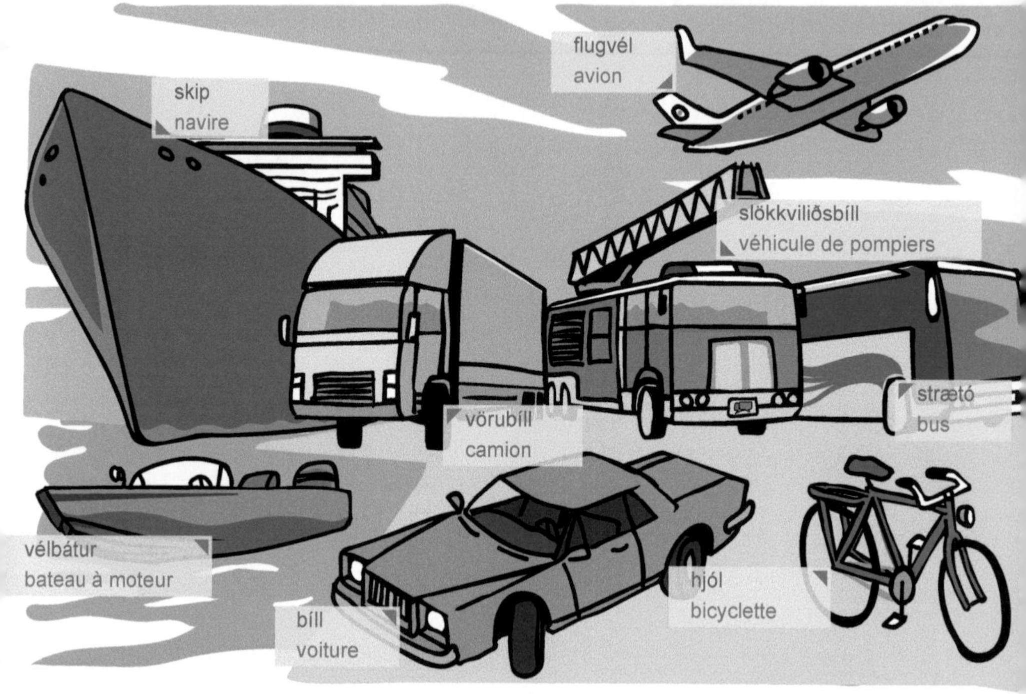

flugvél
avion
skip
navire
slökkviliðsbíll
véhicule de pompiers
strætó
bus
vörubíll
camion
vélbátur
bateau à moteur
hjól
bicyclette
bíll
voiture

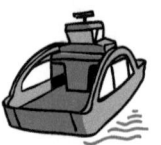

ferja

ferry

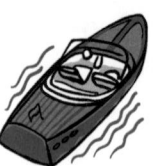

bátur

barque

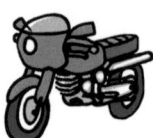

mótorhjól

moto

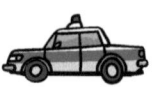

lögreglubíll

voiture de police

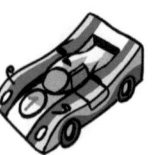

kappakstursbíll

voiture de course

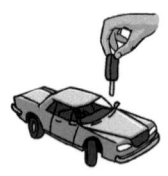

bílaleigubíll

voiture de location

bílasamneyti

auto-partage

dráttarbíll

voiture de remorquage

öskubíll

benne à ordures

vél

moteur

eldsneyti

essence

bensínstöð

station d'essence

umferðarskilti

panneau indicateur

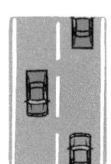

umferð

trafic

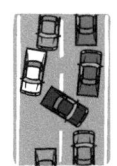

umferðarteppa

embouteillage

bílastæði

parking

lestarstöð

gare

járnbrautarteinar

rails

lest

train

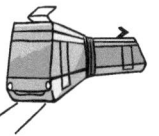

sporvagn

tramway

vagn

wagon

þyrla
hélicoptère

flugvöllur
aéroport

turn
tour

farþegi
passager

gámur
conteneur

pappakassi
carton

kerra
chariot

karfa
corbeille

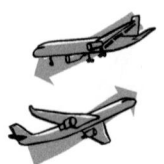

takast á loft / lenda
décoller / atterrir

borg
ville

þorp
village

miðbær
centre-ville

hús
maison

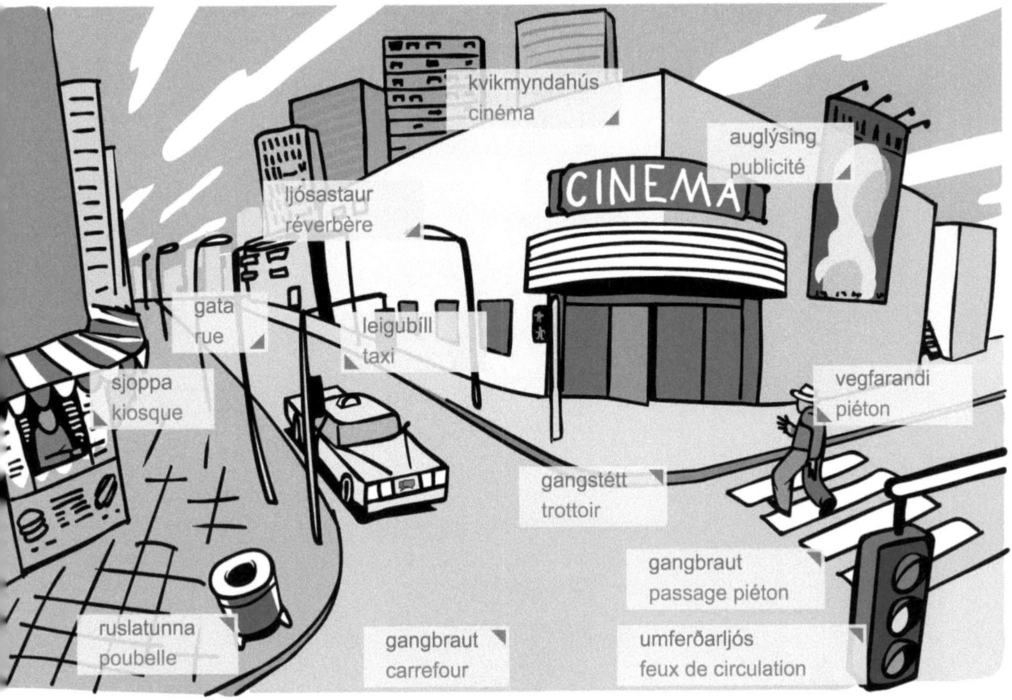

kvikmyndahús
cinéma

auglýsing
publicité

ljósastaur
réverbère

CINEMA

gata
rue

leigubíll
taxi

vegfarandi
piéton

sjoppa
kiosque

gangstétt
trottoir

gangbraut
passage piéton

ruslatunna
poubelle

gangbraut
carrefour

umferðarljós
feux de circulation

skáli

cabane

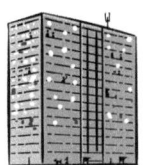

íbúð

appartement

lestarstöð

gare

ráðhús

mairie

safn

musée

skóli

école

háskóli

université

banki

banque

sjúkrahús

hôpital

hótel

hôtel

apótek

pharmacie

skrifstofa

bureau

bókabúð

librairie

búð

magasin

blómabúð

fleuriste

kjörbúð

supermarché

markaður

marché

stórmarkaður

grand magasin

fiskbúð

poissonnerie

verslunarmiðstöð

centre commercial

höfn

port

almenningsgarður

parc

bekkur

banque

brú

pont

stigi

escaliers

neðanjarðarlest

métro

göng

tunnel

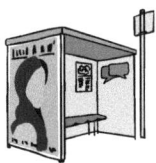

biðstöð

arrêt de bus

bar

bar

veitingastaður

restaurant

póstkassi

boîte à lettres

götuskilti

panneau indicateur

stöðumælir

parcmètre

dýragarður

zoo

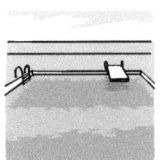

sundlaug

piscine

moska

mosquée

bær

ferme

mengun

pollution

kirkjugarður

cimetière

kirkja

église

leiksvæði

aire de jeux

musteri

temple

landslag

paysage

laufblað
feuille

leiðarvísir
panneau indicateur

leið
chemin

engi
pré

steinn
pierre

göngufólk
randonneur

tré
arbre

á
rivière

gras
herbe

blóm
fleur

dalur

vallée

hæð

montagne

stöðuvatn

lac

skógur

forêt

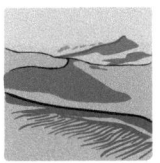

eyðimörk

désert

eldfjall

volcan

kastali

château

regnbogi

arc-en-ciel

sveppur

champignon

pálmatré

palmier

moskítófluga

moustique

fluga

mouche

maur

fourmis

býfluga

abeille

kónguló

araignée

bjalla
coléoptère

froskur
grenouille

íkorni
écureuil

broddgöltur
hérisson

héri
lièvre

ugla
chouette

fugl
oiseau

svanur
cygne

villisvín
sanglier

dádýr
cerf

elgur
élan

stífla
barrage

vindmylla
éolienne

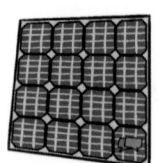

sólarrafhlaða
panneau solaire

loftslag
climat

veitingastaður
restaurant

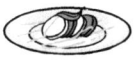

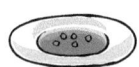

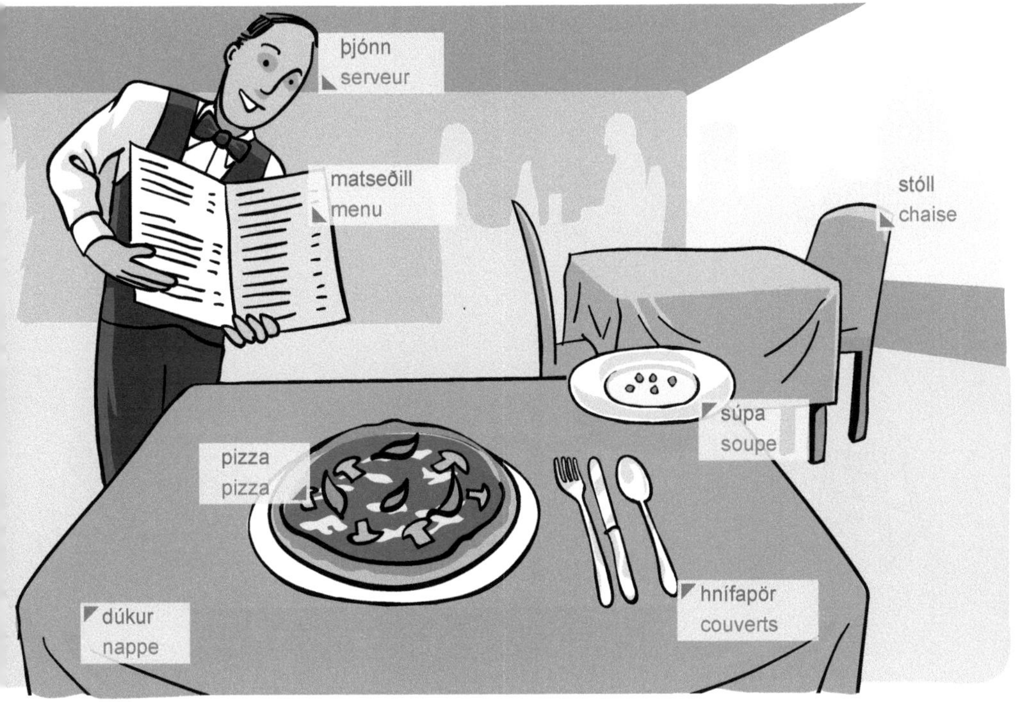

þjónn
serveur
matseðill
menu
stóll
chaise
súpa
soupe
pizza
pizza
hnífapör
couverts
dúkur
nappe

forréttur

hors d'œuvre

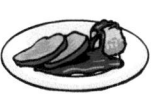

aðalréttur

plat principal

eftirréttur

dessert

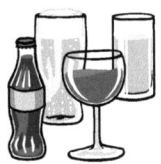

drykkir

boissons

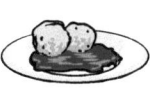

matur

alimentation

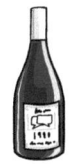

flaska

bouteille

skyndibiti

fast-food

götumatur

plats à emporter

teketill

théière

sykurskál

sucrier

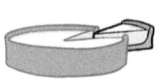

skammtur

portion

espressovél

machine à expresso

barnastóll

chaise haute

reikningur

facture

bakki

plateau

hnífur

couteau

gaffall

fourchette

skeið

cuillère

teskeið

cuillère à thé

servíetta

serviette

glas

verre

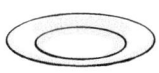

diskur
assiette

súpudiskur
assiette à soupe

undirskál
soucoupe

sósa
sauce

saltstaukur
salière

piparkvörn
moulin à poivre

edik
vinaigre

olía
huile

krydd
épices

tómatsósa
ketchup

sinnep
moutarde

majónes
mayonnaise

kjörbúð

supermarché

tilboð
offre promotionnelle
FOR
viðskiptavinur
client
mjólkurvörur
produits laitiers
ávöxtur
fruits
búðarkerra
chariot

BUTCHERS

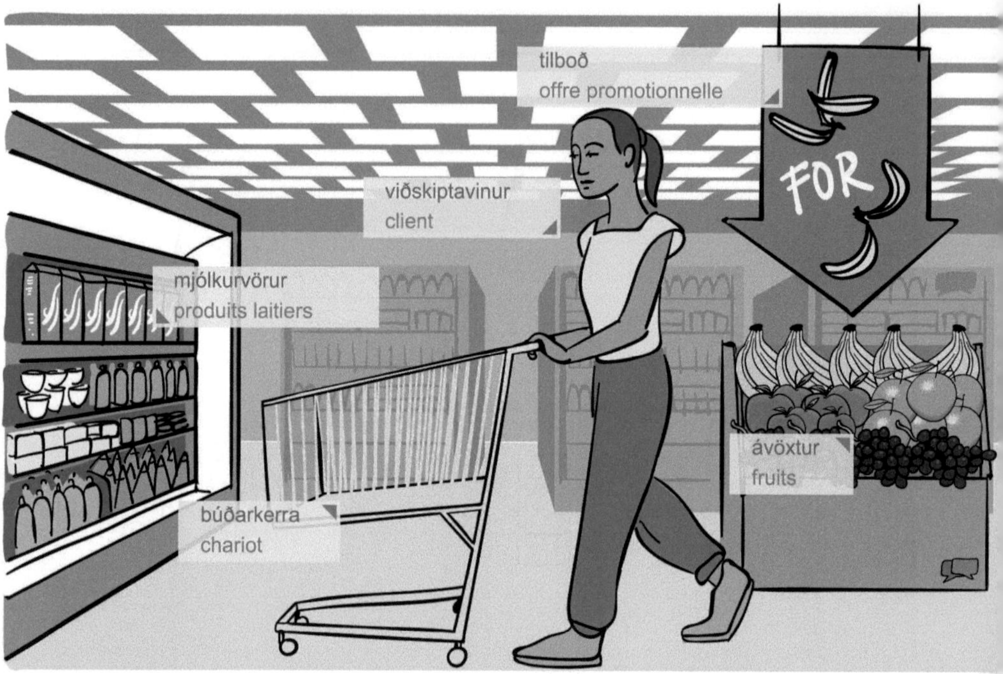

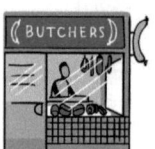

slátrari

boucherie

BAKERY

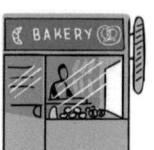

bakarí

boulangerie

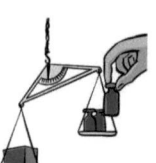

vega

peser

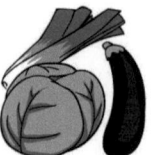

grænmeti

légumes

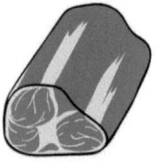

kjöt

viande

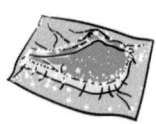

frosinn matur

aliments surgelés

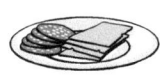

kjötálegg

charcuterie

niðursoðinn matur

conserves

þvottaefni

poudre à lessive

sælgæti

bonbons

vörur til heimilisnota

articles ménagers

hreinsiefni

détergents

afgreiðslukona

vendeuse

afgreiðslukassi

caisse

gjaldkeri

caissier

innkaupalisti

liste d'achats

opnunartímar

heures d'ouverture

veski

portefeuille

kreditkort

carte de crédit

poki

sac

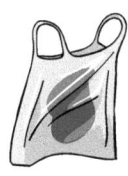

plastpoki

sac en plastique

vatn

eau

safi

jus de fruit

mjólk

lait

kók

coca

vín

vin

bjór

bière

áfengi

alcool

kakó

chocolat chaud

te

thé

kaffi

café

espresso

expresso

kaffi

cappuccino

banani

banane

epli

pomme

appelsínugulur

orange

melóna

melon

sítróna

citron

gulrót

carotte

hvítlaukur

ail

bambus

bambou

laukur

oignon

sveppir

champignon

hnetur

noisettes

núðlur

pâtes

spagettí

spaghetti

hrísgrjón

riz

salat

salade

franskar kartöflur

pommes frites

steiktar kartöflur

pommes de terre rôties

pizza

pizza

hamborgari

hamburger

samloka

sandwich

snitsel

escalope

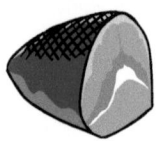

skinka

jambon

salami

salami

pylsa

saucisse

kjúklingur

poulet

steik

rôti

fiskur

poisson

haframjöl

flocons d'avoine

múslí

muesli

kornflögur

cornflakes

hveiti

farine

franskt horn

croissant

smábrauð

petits-pains

brauð

pain

ristað brauð

pain grillé

kex

biscuits

smjör

beurre

ystingur

le fromage blanc

kaka

gâteau

egg

œuf

spælt egg

œuf au plat

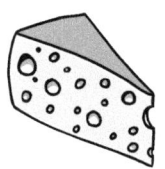

ostur

fromage

ís

glace

sykur

sucre

hunang

miel

sulta

confiture

súkkulaðiálegg

crème nougat

karrý

curry

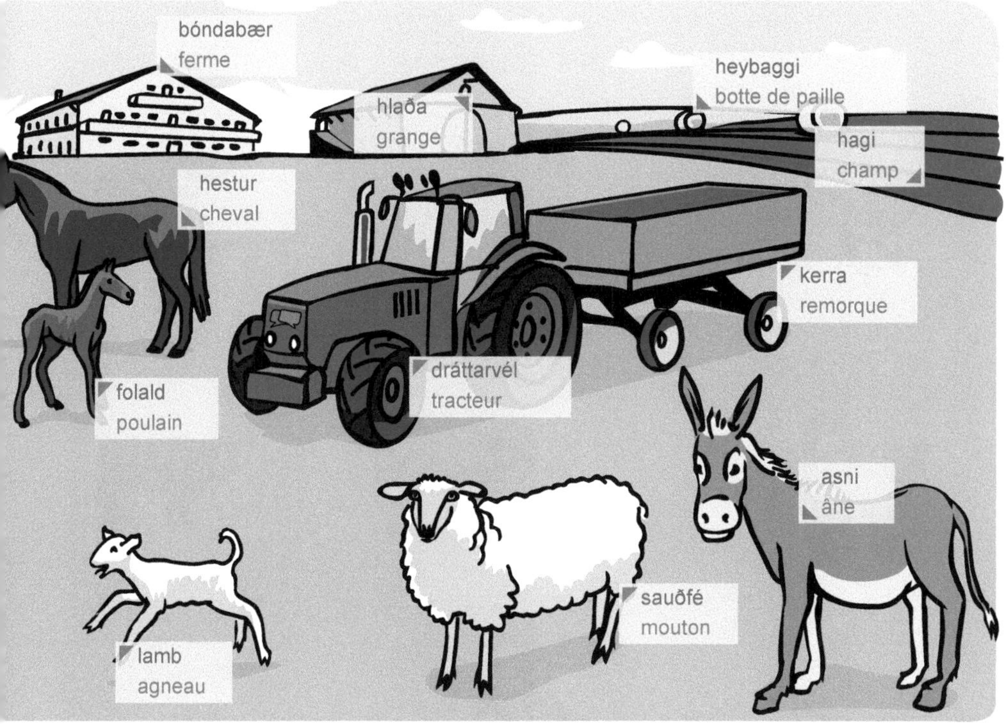

bóndabær
ferme

hlaða
grange

heybaggi
botte de paille

hagi
champ

hestur
cheval

kerra
remorque

folald
poulain

dráttarvél
tracteur

asni
âne

lamb
agneau

sauðfé
mouton

geit

chèvre

kýr

vache

kálfur

veau

svín

porc

grís

porcelet

naut

taureau

gæs
oie

önd
canard

ungi
poussin

hæna
poule

hani
coq

rotta
rat

köttur
chat

mús
souris

uxi
bœuf

hundur
chien

hundakofi
chenil

garðslanga
tuyau de jardin

garðkanna
arrosoir

ljár
faucheuse

plógur
charrue

sigð

faucille

hlújárn

pioche

heygaffall

fourche

öxi

hache

hjólbörur

brouette

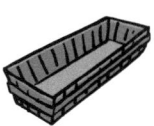

trog

cuve

mjólkurfata

pot à lait

poki

sac

girðing

clôture

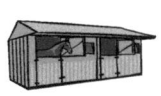

gripahús

étable

gróðurhús

serre

jarðvegur

sol

fræ

semences

áburður

engrais

kornskurðarvél

moissonneuse-batteuse

uppskera
récolter

uppskera
récolte

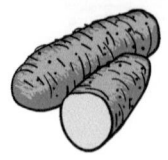

kínverskar kartöflur
igname

hveiti
blé

soja
soja

kartafla
pomme de terre

maís
maïs

repja
colza

ávaxtatré
arbre fruitier

maníókarót
manioc

korn
céréales

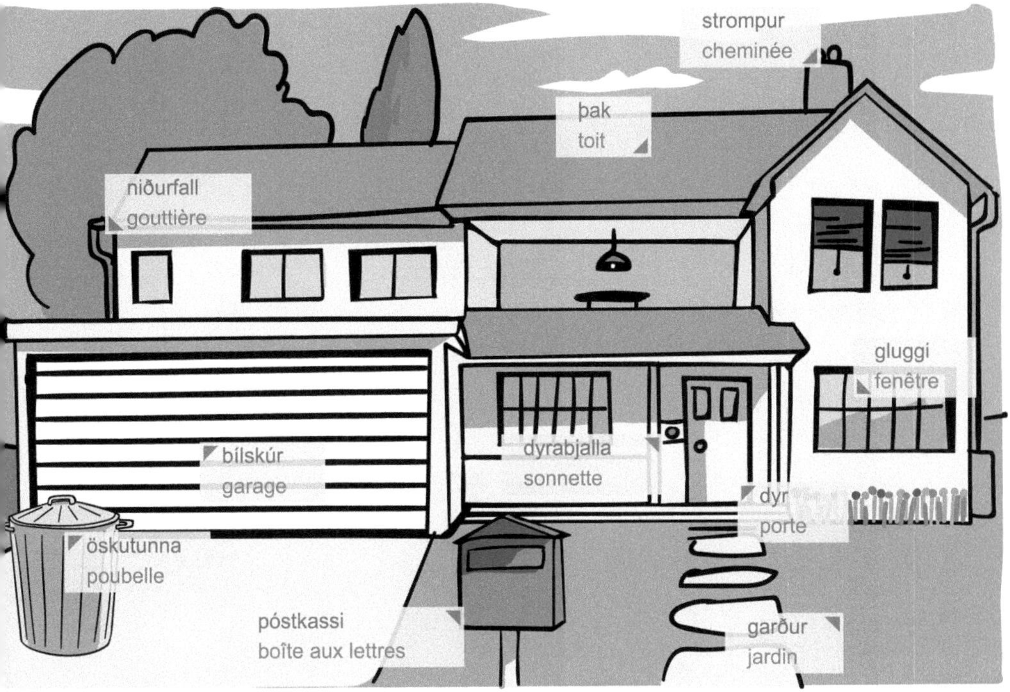

strompur
cheminée

þak
toit

niðurfall
gouttière

gluggi
fenêtre

bílskúr
garage

dyrabjalla
sonnette

dyr
porte

öskutunna
poubelle

póstkassi
boîte aux lettres

garður
jardin

stofa

salon

baðherbergi

salle de bain

eldhús

cuisine

svefnherbergi

chambre à coucher

barnaherbergi

chambre d'enfant

borðstofa

salle à manger

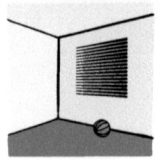

gólf
sol

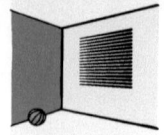

veggur
mur

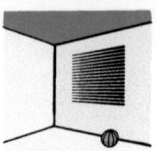

loft
plafond

kjallari
cave

gufubað
sauna

svalir
balcon

verönd
terrasse

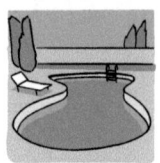

sundlaug
piscine

sláttuvél
tondeuse à gazon

lak
housse

rúmteppi
couette

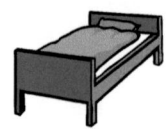

rúm
lit

kústur
balai

fata
sceau

rofi
interrupteur

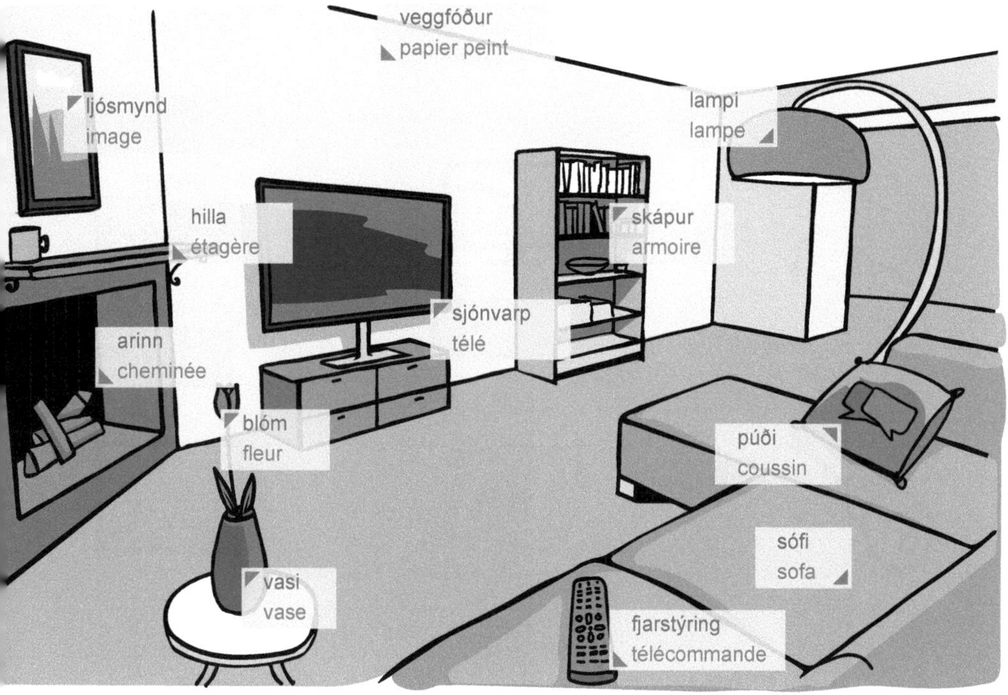

veggfóður
papier peint

ljósmynd
image

lampi
lampe

hilla
étagère

skápur
armoire

arinn
cheminée

sjónvarp
télé

blóm
fleur

púði
coussin

vasi
vase

sófi
sofa

fjarstýring
télécommande

teppi	gardínur	borð
tapis	rideau	table

 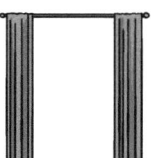 

stóll	ruggustóll	hægindastóll
chaise	chaise à bascule	fauteuil

bók

livre

sæng

couverture

skraut

décoration

eldiviður

bois de chauffage

mynd

film

hljómflutningstæki

chaîne hi-fi

lykill

clé

dagblað

journal

málverk

peinture

veggspjald

poster

útvarp

radio

minnisbók

bloc-notes

ryksuga

aspirateur

kaktus

cactus

kerti

bougie

eldhús
cuisine

ísskápur
réfrigérateur
örbylgjuofn
four à micro-ondes
eldhúsvog
balance de cuisine
brauðrist
grille-pain
uppþvottaefni
détergent
ofn
four
frystihólf
compartiment congélateur
öskutunna
poubelle
uppþvottavél
lave-vaisselle

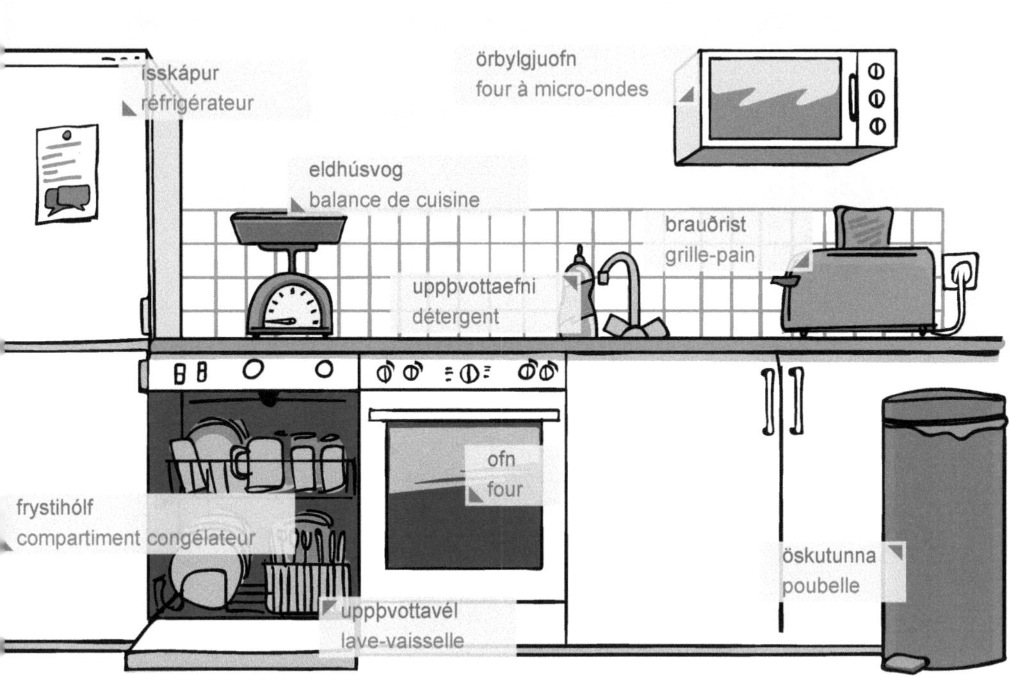

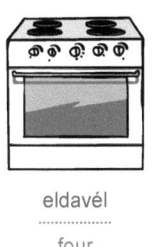

eldavél

four

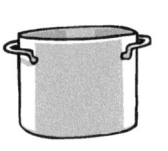

pottur

casserole

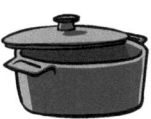

steypujárnspottur

marmite

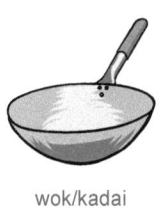

wok/kadai

wok / kadai

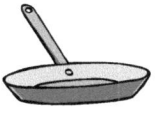

panna

poêle

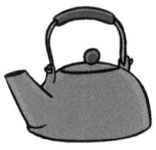

ketill

bouilloire electrique

gufukarfa

cuiseur vapeur

ofnform

plaque de cuisson

leirtau

vaisselle

mál

gobelet

skál

coupe

prjónar

baguettes

ausa

louche

spaði

spatule

pískur

fouet

sigti

passoire

málmsigti

tamis

rifjárn

râpe

mortél

mortier

grill

barbecue

opinn eldur

cheminée

skurðarbretti

planche à découper

kökukefli

rouleau à pâtisserie

tappatogari

tire-bouchon

dós

boîte

dósaopnari

ouvre-boîte

pottaleppur

maniques

vaskur

lavabo

bursti

brosse

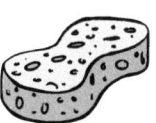

svampur

éponge

blandari

mixeur

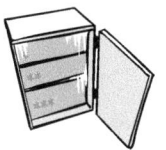

frystir

congélateur

peli

biberon

blöndunartæki

robinet

baðherbergi

salle de bain

upphitun
chauffage
handklæði
serviette
sturta
douche
sturtuhengi
rideau de douche
froðubað
bain moussant
baðkar
baignoire
glas
verre
þvottavél
machine à laver
blöndunartæki
robinet
flísar
carrelage
barnakoppur
pot
vaskur
lavabo

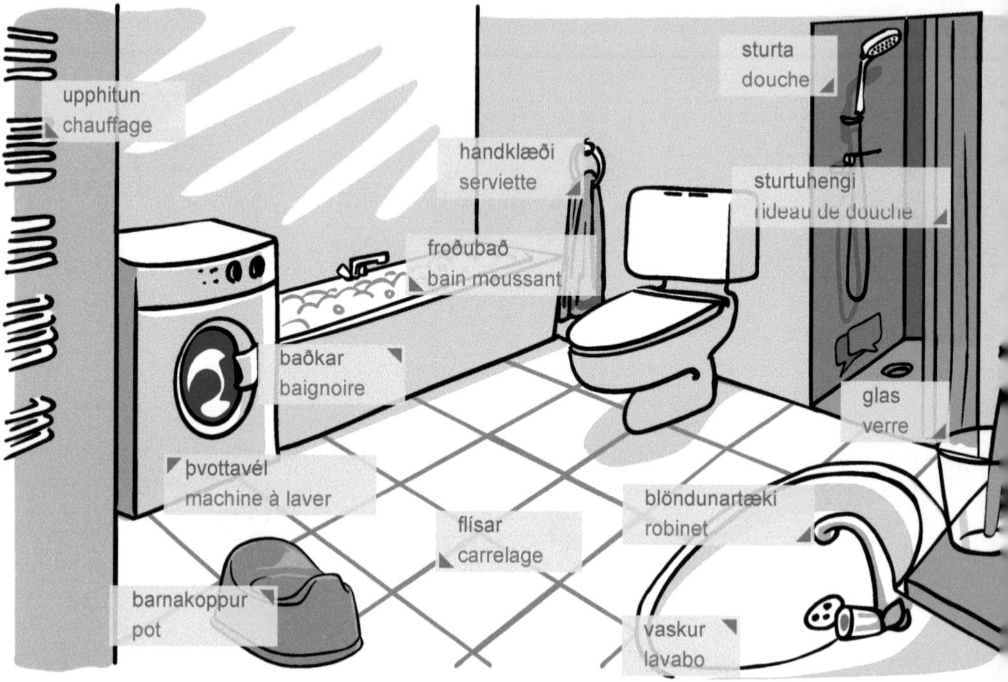

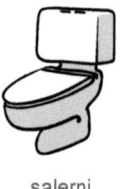

salerni

toilettes

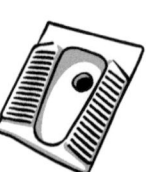

salerni án setu

toilette à la turque

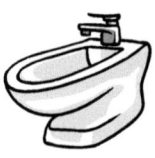

skolskál

bidet

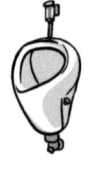

þvagskál

urinoir

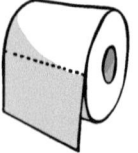

salernispappír

papier toilette

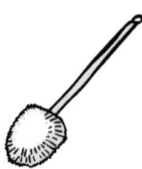

salernisbursti

brosse à toilette

tannbursti

brosse à dents

tannkrem

dentifrice

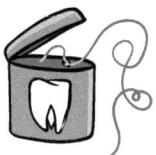

tannþráður

fil dentaire

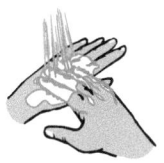

þvo

laver

handsturta

douche manuelle

salernissturta

douche intime

vaskur

vasque

bakbursti

brosse dorsale

sápa

savon

sturtugel

gel douche

sjampó

shampooing

flannel

gant de toilette

niðurfall

écoulement

krem

crème

svitalyktareyðir

déodorant

spegill

miroir

handspegill

miroir cosmétique

rakskafa

rasoir

raksápa

mousse à raser

rakspíri

après-rasage

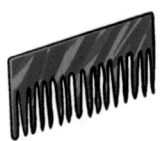

greiða

peigne

bursti

brosse

hárþurrka

sèche-cheveux

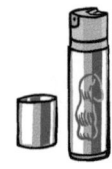

hársprey

laque pour cheveux

farði

fond de teint

varalitur

rouge à lèvres

naglalakk

vernis à ongles

bómull

ouate

naglaklippur

coupe-ongles

ilmvatn

parfum

þvottapoki

trousse de toilette

kollur

tabouret

vog

pèse-personne

sloppur

peignoir

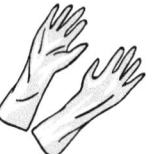
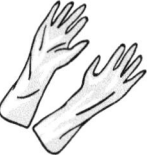

gúmmíhanskar

gants de nettoyage

tíðatappi

tampon

dömubindi

serviettes hygiéniques

efnasalerni

toilette chimique

barnaherbergi
chambre d'enfant

vekjaraklukka
réveil
mjúkt leikfang
doudou
leikfangabíll
voiture jouet
hrista
hochet
dúkkuhús
maison de poupée
gjöf
cadeau

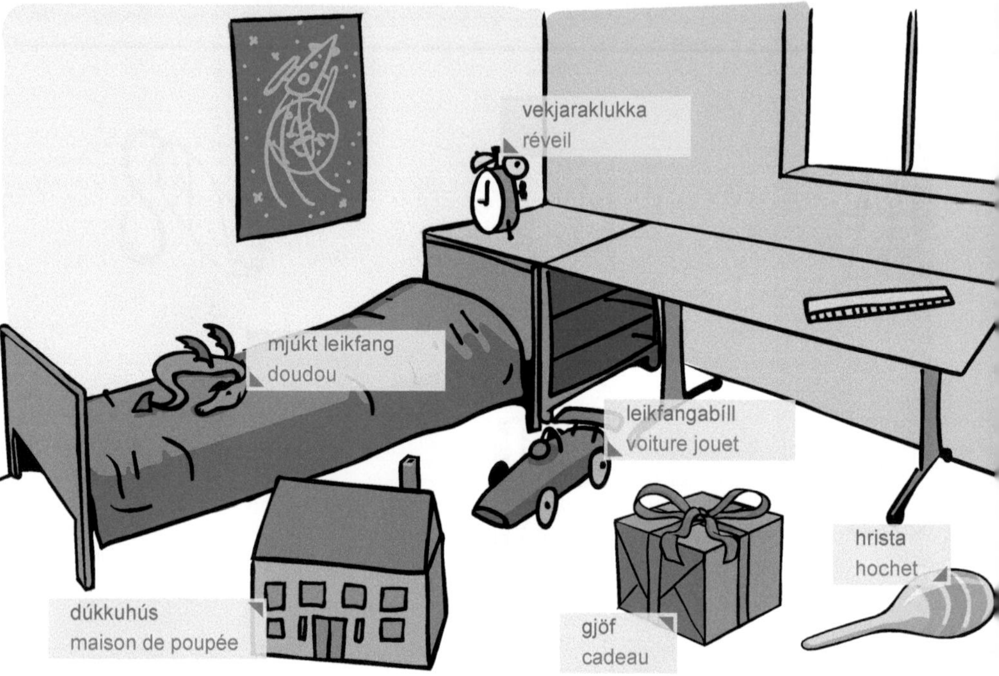

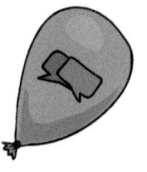

blaðra

ballon

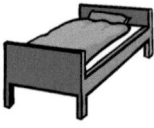

rúm

lit

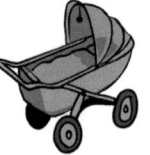

barnavagn

poussette

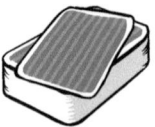

spilastokkur

jeu de cartes

púsluspil

puzzle

SUPER
MEGA

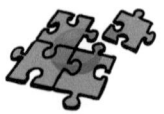

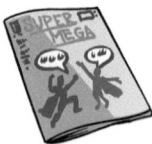

myndasaga

bande dessinée

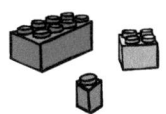

legókubbar

pièces lego

leikfangakubbar

blocs de construction

leikfangakall

figurine

samfestingur

grenouillère

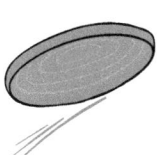

Frisbídiskur

frisbee

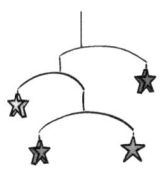

órói

mobile

spilaborð

jeu de société

teningar

dé

lestarlíkan

train miniature

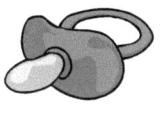

snuð

sucette

veisla

fête

myndabók

livre d'images

bolti

balle

brúða

poupée

spila

jouer

sandkassi

bac à sable

sveifla

balançoire

leikföng

jouets

leikjatölva

console de jeu

þríhjól

tricycle

bangsi

ours en peluche

fataskápur

armoire

föt

vêtements

sokkar

chaussettes

kvensokkabuxur

bas

sokkabuxur

collant

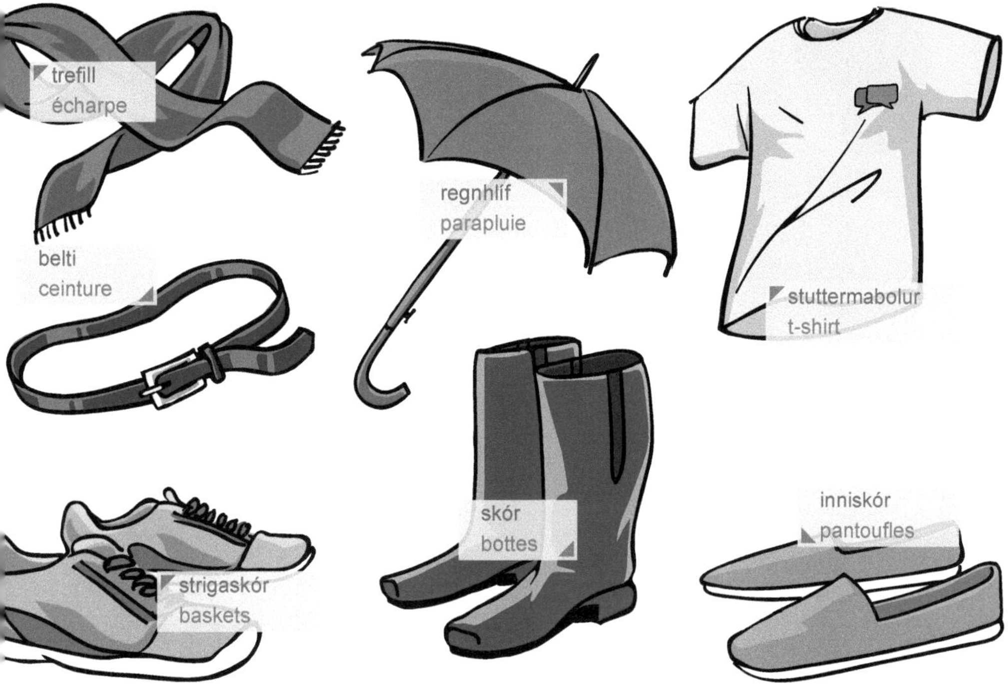

trefill
écharpe

belti
ceinture

regnhlíf
parapluie

stuttermabolur
t-shirt

skór
bottes

inniskór
pantoufles

strigaskór
baskets

sandalar
....
sandales

skór
....
chaussures

gúmmístígvél
....
bottes de caoutchouc

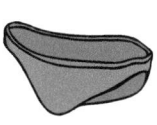

nærbuxur
....
sous-vêtements

brjóstahaldari
....
soutien-gorge

vesti
....
maillot de corps

föt - vêtements

samfella
body

buxur
pantalon

gallabuxur
jean

pils
jupe

blússa
chemisier

skyrta
chemise

peysa
pull

hettupeysa
sweat à capuche

jakki
veste

jakki
veste

frakki
manteau

regnfrakki
imperméable

dragt
costume

kjóll
robe

brúðarkjóll
robe de mariée

jakkaföt

costume

náttkjóll

chemise de nuit

náttföt

pyjama

Sari

sari

höfuðslæða

foulard

túrban

turban

búrka

burqa

kaftan

caftan

abaya

abaya

sundföt

maillot de bain

sundbuxur

maillot de bain

stuttbuxur

short

íþróttagalli

tenue d'entraînement

svunta

tablier

hanskar

gants

hnappur

bouton

gleraugu

lunettes

armband

bracelet

hálsmen

collier

hringur

bague

eyrnalokkur

boucle d'oreille

húfa

bonnet

herðatré

cintre

hattur

chapeau

bindi

cravate

rennilás

fermeture éclair

hjálmur

casque

axlabönd

bretelles

skólabúningur

uniforme scolaire

einkennisbúningur

uniforme

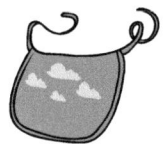

smekkur

bavoir

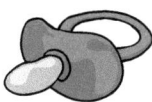

snuð

sucette

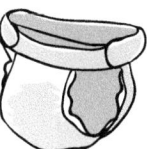

bleyja

lange

skrifstofa

bureau

netþjónn
serveur
skjalaskápur
armoire d'archivage
prentari
imprimante
pappír
papier
skjár
écran
mús
souris
skrifborð
bureau
mappa
classeur
lyklaborð
clavier
ruslakarfa
corbeille à papier
tölva
ordinateur
stóll
chaise

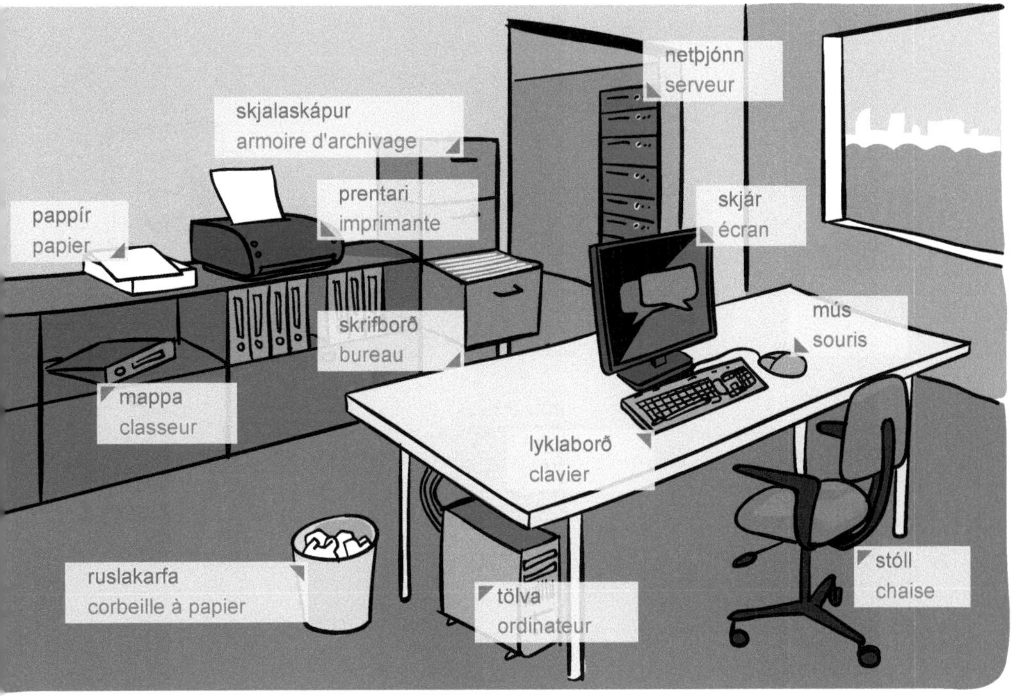

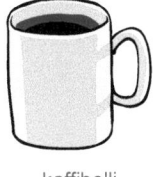

kaffibolli

tasse de café

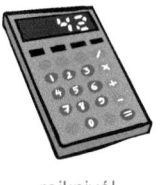

reiknivél

calculatrice

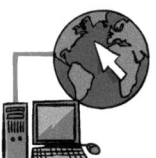

internet

internet

fartölva

ordinateur portable

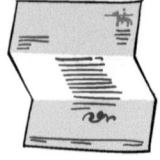

bréf

lettre

skilaboð

message

farsími

portable

net

réseau

ljósritunarvél

photocopieuse

hugbúnaður

logiciel

sími

téléphone

innstunga

prise

faxtæki

fax

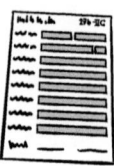

eyðublað

formulaire

skjal

document

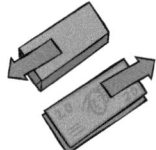

kaupa

acheter

borga

payer

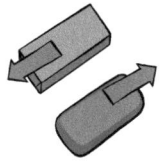

versla

faire du commerce

peningar

monnaie

dollari

dollar

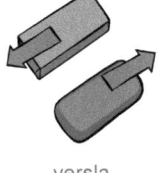

evra

euro

jen

yen

rúbla

rouble

svissneskur franki

franc suisse

renminbi yuan

renminbi yuan

rúpíur

roupie

hraðbanki

distributeur automatique

gjaldeyrisskipti

bureau de change

gull

or

silfur

argent

olía

pétrole

orka

énergie

verð

prix

samningur

contrat

skattur

taxe

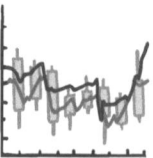

hlutabréf

action

vinna

travailler

starfsmaður

employé

vinnuveitandi

employeur

verksmiðja

usine

búð

magasin

lögreglumaður
agent de police

slökkviliðsmaður
pompier

kokkur
cuisinier

læknir
médecin

flugmaður
pilote

garðyrkjumaður

jardinier

smiður

menuisier

saumakona

couturière

dómari

juge

lyfjafræðingur

chimiste

leikari

acteur

strætóbílstjóri	leigubílstjóri	sjómaður
conducteur de bus	chauffeur de taxi	pêcheur

ræstitæknir	þaksmiður	þjónn
femme de ménage	couvreur	serveur

veiðimaður	málari	bakari
chasseur	peintre	boulanger

rafvirki	byggingaverkamaður	verkfræðingur
électricien	ouvrier	ingénieur

slátrari	pípari	póstmaður
boucher	plombier	facteur

hermaður

soldat

arkitekt

architecte

gjaldkeri

caissier

blómasali

fleuriste

hárgreiðslumaður

coiffeur

lestarstjóri

contrôleur

vélvirki

mécanicien

skipstjóri

capitaine

tannlæknir

dentiste

vísindamaður

scientifique

rabbíi

rabbin

Imam

imam

munkur

moine

prestur

prêtre

verkfæri

outils

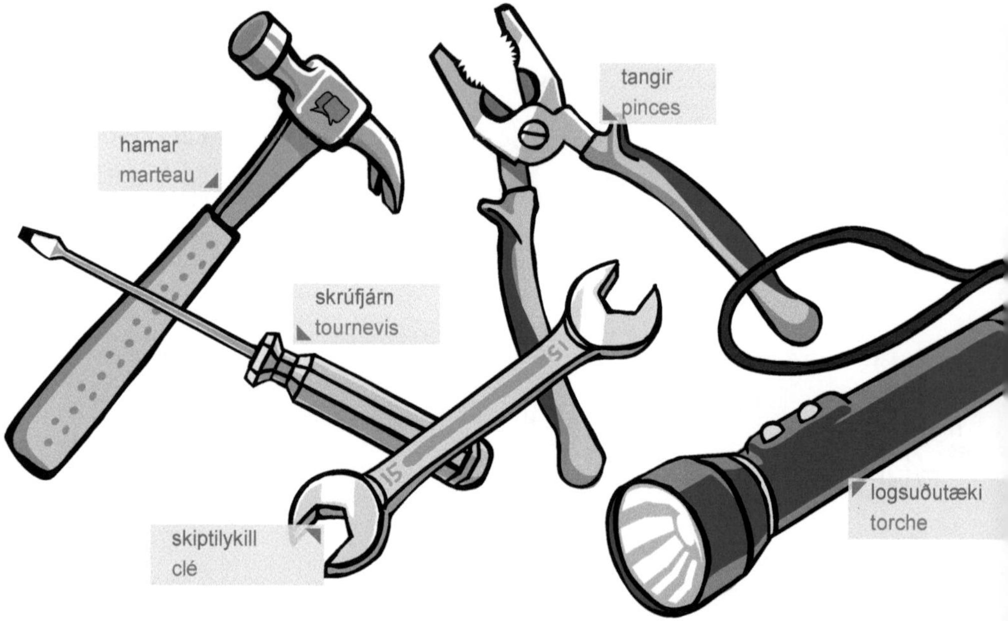
hamar
marteau
tangir
pinces
skrúfjárn
tournevis
skiptilykill
clé
logsuðutæki
torche

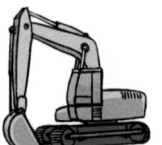

grafa

pelleteuse

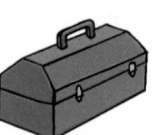

verkfærataska

boîte à outils

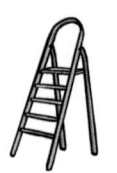

stigi

échelle

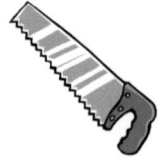

sög

scie

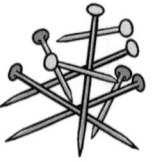

naglar

clous

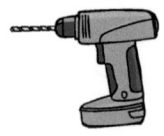

bor

perceuse

gera við
réparer

skófla
pelle

Fjandinn!
Mince !

fægiskófla
pelle

málningarfata
pot de peinture

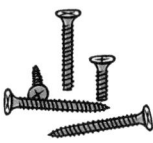

skrúfur
vis

hljóðfæri
instruments de musique

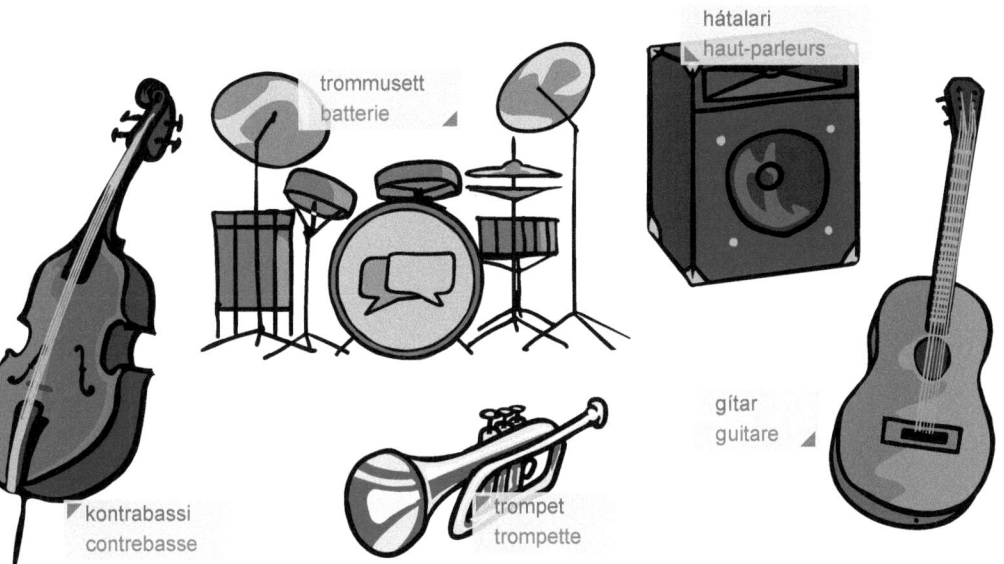

hátalari
haut-parleurs

trommusett
batterie

gítar
guitare

kontrabassi
contrebasse

trompet
trompette

píanó

piano

fiðla

violon

bassi

basse

pákur

timbales

trommur

tambour

hljómborð

piano électrique

saxófónn

saxophone

flauta

flûte

hljóðnemi

microphone

tígrisdýr
tigre

inngangur
entrée

búr
cage

sebrahestur
zèbre

fóður
alimentation animale

pandabjörn
panda

dýr
animaux

fíll
éléphant

kengúra
kangourou

nashyrningur
rhinocéros

górilla
gorille

skógarbjörn
ours

úlfaldi

chameau

strútur

autruche

ljón

lion

api

singe

flamingó

flamand rose

páfagaukur

perroquet

ísbjörn

ours polaire

mörgæs

pingouin

hákarl

requin

páfugl

paon

snákur

serpent

krókódíll

crocodile

dýragarðsvörður

gardien de zoo

selur

phoque

jagúar

jaguar

hestur
poney

hlébarði
léopard

flóðhestur
hippopotame

gíraffi
girafe

örn
aigle

villisvín
sanglier

fiskur
poisson

skjaldbaka
tortue

rostungur
morse

refur
renard

gasella
gazelle

Ameríkskur fótbolti
american Football

hjólreiðar
cyclisme

tennis
tennis

körfubolti
basket-ball

sund
natation

hnefaleikar
boxe

íshokkí
hockey sur glace

fótbolti
football

hnit
badminton

frjálsar íþróttir
athlétisme

handbolti
handball

skíði
ski

póló
polo

hlæja
rire

hoppa
sauter

faðma
embrasser

ganga
marcher

syngja
chanter

dreyma
rêver

biðja
prier

kyssa
faire la bise

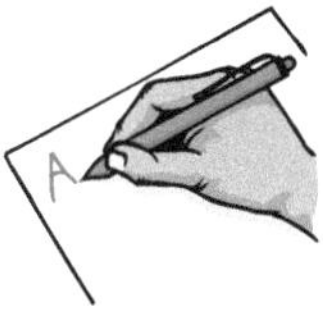

skrifa

écrire

teikna

dessiner

sýna

montrer

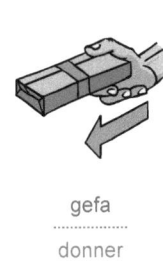

ýta

pousser

gefa

donner

taka

prendre

hafa

avoir

gera

faire

vera

être

standa

être debout

hlaupa

courir

draga

trier

kasta

jeter

detta

tomber

ljúga

être couché

bíða

attendre

bera

porter

sitja

être assis

klæða sig

s'habiller

sofa

dormir

vakna

se réveiller

líta á
regarder

gráta
pleurer

strjúka
caresser

greiða
peigner

tala
parler

skilja
comprendre

spyrja
demander

hlusta
écouter

drekka
boire

borða
manger

taka til
ranger

elska
aimer

elda
cuire

keyra
conduire

fljúga
voler

sigla

faire de la voile

reikna

calculer

lesa

lire

læra

apprendre

vinna

travailler

giftast

se marier

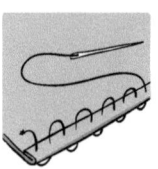

sauma

coudre

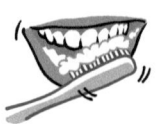

bursta tennur

brosser les dents

drepa

tuer

reykja

fumer

senda

envoyer

amma
grand-mère

afi
grand-père

faðir
père

móðir
mère

barn
bébé

dóttir
fille

sonur
fils

gestur
....
hôte

frænka
....
tante

frændi
....
oncle

bróðir
....
frère

systir
....
sœur

líkami

corps

enni
front
auga
œil
öxl
épaule
fingur
doigt
andlit
visage
haka
menton
hönd
main
fótleggur
jambe
brjóst
poitrine
handleggur
bras

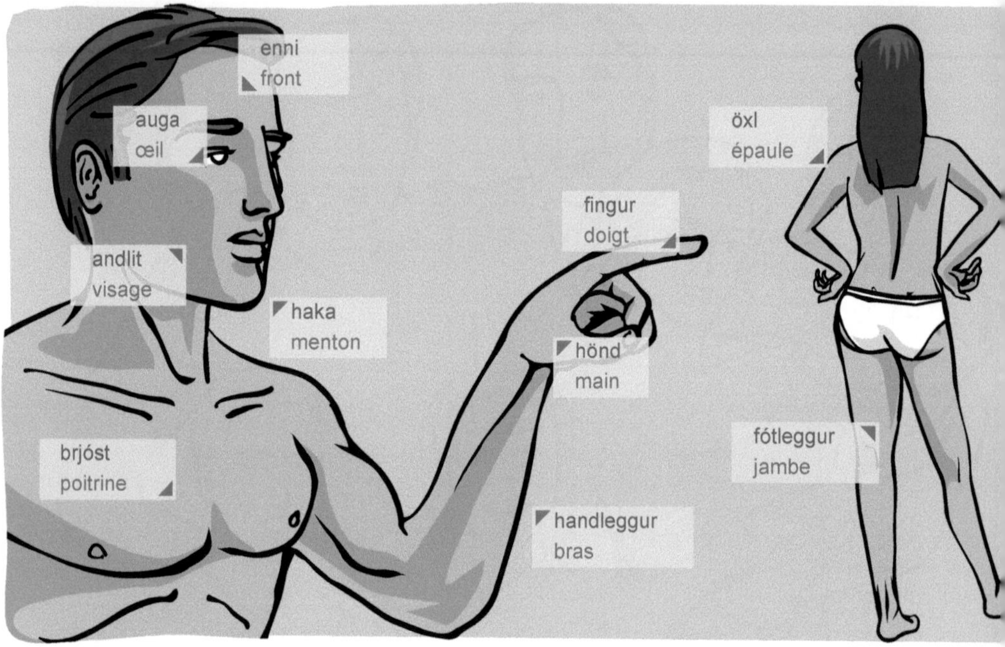

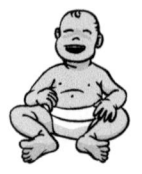

barn

bébé

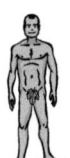

maður

homme

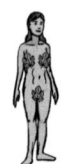

kona

femme

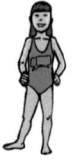

stúlka

fille

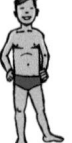

drengur

garçon

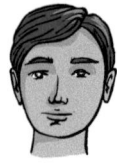

höfuð

tête

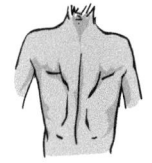

bak

dos

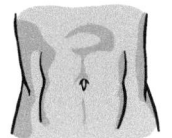

kviður

ventre

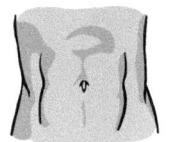

nafli

nombril

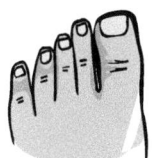

tá

orteil

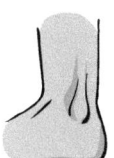

hæll

talon

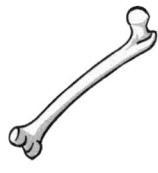

bein

os

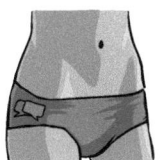

mjöðm

hanche

hné

genou

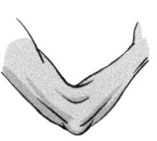

olnbogi

coude

nef

nez

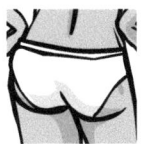

rass

fesses

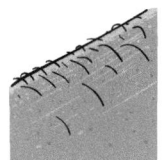

húð

peau

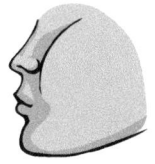

kinn

joue

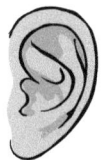

eyra

oreille

vör

lèvre

munnur

bouche

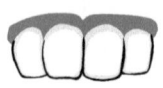

tönn

dent

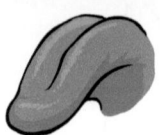

tunga

langue

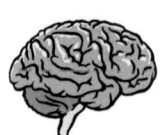

heili

cerveau

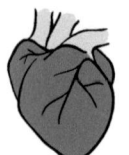

hjarta

cœur

vöðvi

muscle

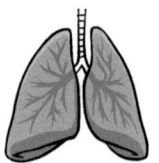

lunga

poumons

lifur

foie

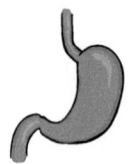

magi

estomac

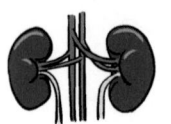

nýru

reins

kynmök

rapport sexuel

smokkur

préservatif

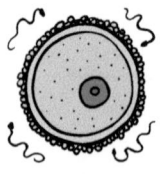

eggfruma

ovule

sæði

sperme

ólétta

grossesse

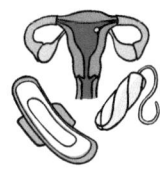

tíðir

menstruation

leggöng

vagin

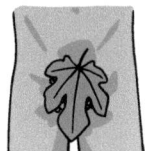

typpi

pénis

augabrún

sourcil

hár

cheveux

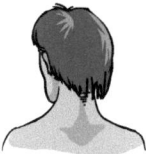

háls

cou

sjúkrahús
hôpital

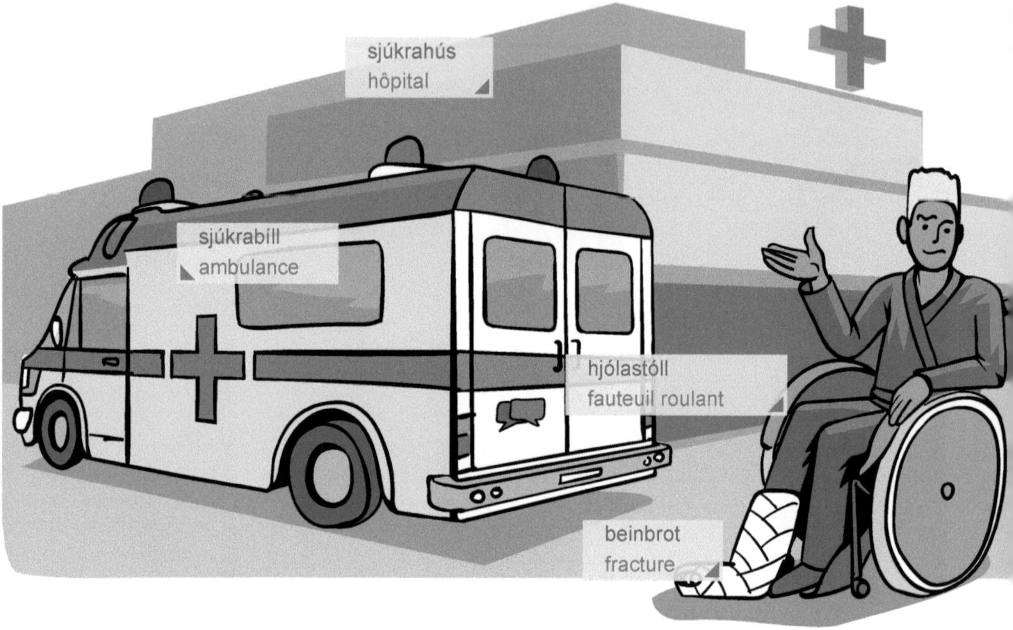

sjúkrahús
hôpital
sjúkrabíll
ambulance
hjólastóll
fauteuil roulant
beinbrot
fracture

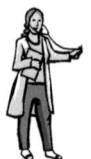

læknir

médecin

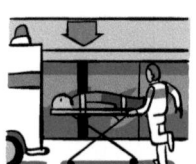

bráðamóttaka

service des urgences

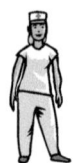

hjúkrunarfræðingur

infirmière

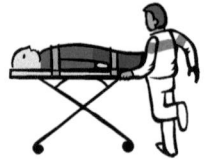

neyðartilvik

urgence

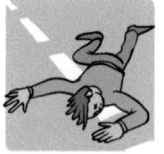

meðvitundarlaus

inconscient

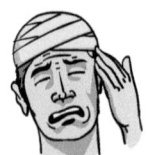

verkir

douleur

meiðsli

blessure

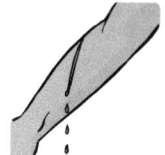

blæðing

hémorragie

hjartaáfall

crise cardiaque

heilablóðfall

attaque cérébrale

ofnæmi

allergie

hósti

toux

hiti

fièvre

flensa

grippe

niðurgangur

diarrhée

höfuðverkur

mal de tête

krabbamein

cancer

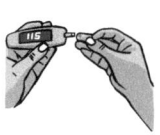

sykursýki

diabète

skurðlæknir

chirurgien

skurðhnífur

scalpel

aðgerð

opération

sneiðmyndataka

CT

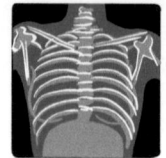

röntgengeisli

radiographie

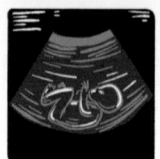

ómskoðun

échographie

andlitsgríma

masque

sjúkdómur

maladie

biðstofa

salle d'attente

hækja

béquille

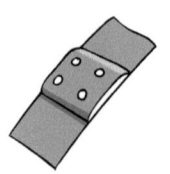

gifs

pansement

sáraumbúðir

pansement

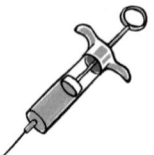

sprauta

injection

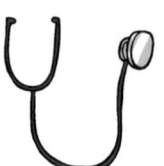

hlustunarpípa

stéthoscope

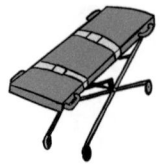

börur

brancard

líkamshitamælir

thermomètre

fæðing

accouchement

yfirvigt

surcharge pondérale

heyrnartæki
appareil auditif

sótthreinsiefni
désinfectant

sýking
infection

veira
virus

HIV / AIDS
VIH / sida

lyf
médicament

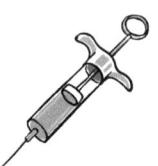

bólusetning
vaccination

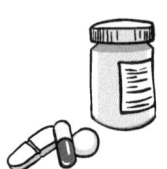

töflur
comprimés

pilla
pilule

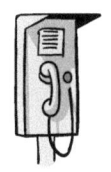

neyðarsímtal
appel d'urgence

blóðþrýstingsmælir
tensiomètre

lasinn / heilbrigður
malade / sain

Hjálp!

Au secours !

líkamsárás

assaut

viðvörun

alarme

árás

attaque

hætta

danger

neyðarútgangur

sortie de secours

Eldur!

Au feu!

slökkvitæki

extincteur

slys

accident

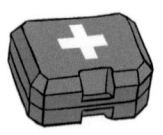

skyndihjálparbúnaður

trousse de premier secours

SOS

SOS

lögregla

police

Evrópa

Europe

Norður-Ameríka

Amérique du Nord

Suður-Ameríka

Amérique du Sud

Afríka

Afrique

Asía

Asie

Ástralía

Australie

Atlantshaf

Océan atlantique

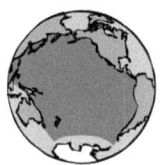

Kyrrahaf

Océan pacifique

Indlandshaf

Océan indien

Suður-Íshaf

Océan antarctique

Norður-Íshaf

Océan arctique

Norðurpóll

pôle nord

Suðurpóll

pôle sud

Suðurskautslandið

Antarctique

Jörð

terre

land

pays

sjór

mer

eyja

île

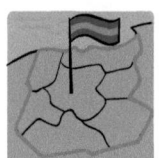

þjóð

nation

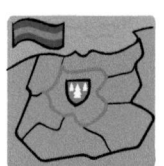

ríki

état

Jörð - terre

klukkuskífa
cadran

litli vísir
aiguille des heures

stóri vísir
aiguille des minutes

sekúnduvísir
aiguille des secondes

Hvað er klukkan?
Quelle heure est-il ?

dagur
jour

tími
temps

nú
maintenant

tölvuúr
montre digitale

mínúta
minute

klukkustund
heure

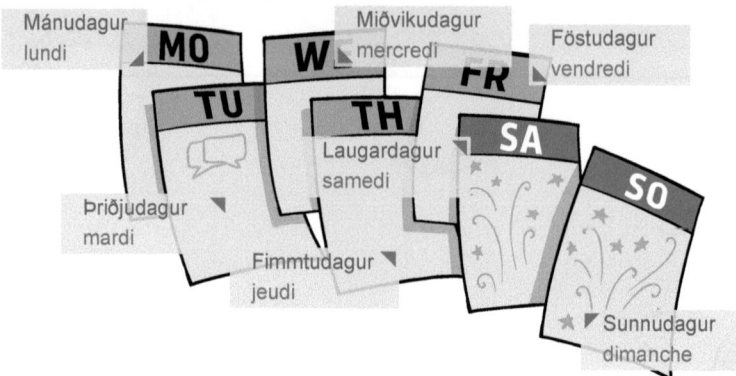

Mánudagur
lundi

Miðvikudagur
mercredi

Föstudagur
vendredi

Þriðjudagur
mardi

Laugardagur
samedi

Fimmtudagur
jeudi

Sunnudagur
dimanche

í gær

hier

í dag

aujourd'hui

á morgun

demain

morgunn

matin

hádegi

midi

kvöld

soir

virkir dagar

jours ouvrables

helgi

week-end

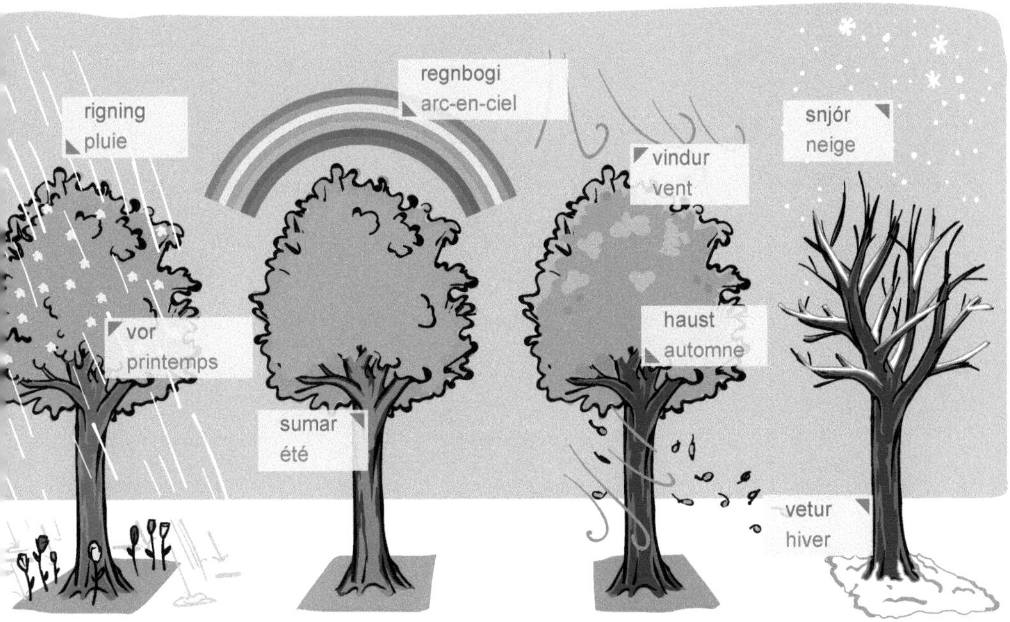

regnbogi
arc-en-ciel
rigning
pluie
snjór
neige
vindur
vent
vor
printemps
haust
automne
sumar
été
vetur
hiver

4.APRIL 11°
5.APRIL 4°
6.APRIL 13°
7.APRIL 8°
8.APRIL 10°

veðurspá

météo

F
C
120
90
60
30
0
-30
40
30
20
10
0
-10
-20

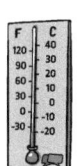

hitamælir

thermomètre

sólskin

lumière du soleil

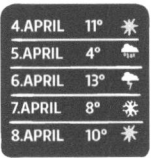

ský

nuage

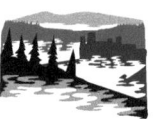

þoka

brouillard

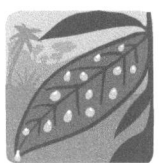

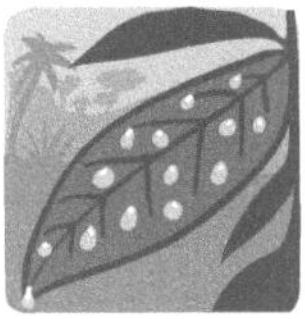

raki

humidité

eldingar

foudre

þrumuveður

tonnerre

stormur

tempête

haglél

grêle

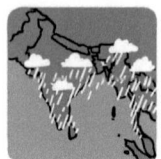

monsún

mousson

flóð

inondation

ís

glace

Janúar

janvier

Febrúar

février

Mars

mars

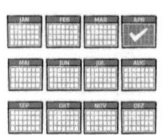

Apríl

avril

Maí

mai

Júní

juin

Júlí

juillet

Ágúst

août

ár - année

September
....
septembre

Október
....
octobre

Nóvember
....
novembre

Desember
....
décembre

form
formes

hringur
....
cercle

ferningur
....
carré

rétthyrningur
....
rectangle

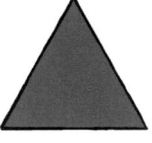

þríhyrningur
....
triangle

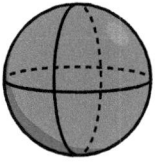

kúla
....
sphère

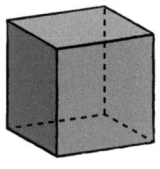

teningur
....
cube

hvítur

blanc

gulur

jaune

appelsínugulur

orange

bleikur

rose

rauður

rouge

fjólublár

violet

blár

bleu

grænn

vert

brúnn

marron

grár

gris

svartur

noir

mikið / lítið

beaucoup / peu

reiður / rólegur

fâché / calme

fallegur / ljótur

joli / laid

upphaf / endir

début / fin

stór / lítill

grand / petit

bjartur / dimmur

clair / obscure

bróðir / systir

frère / soeur

hreinn / óhreinn

propre / sale

heill / ófullnægjandi

complet / incomplet

dagur / nótt

jour / nuit

dauður / lifandi

mort / vivant

breiður / mjór

large / étroit

ætur / óætur

comestible / incomestible

vondur / góður

méchant / gentil

spenntur / leiður

excité / ennuyé

feitur / mjór

gros / mince

fyrstur / síðastur

premier / dernier

vinur / óvinur

ami / ennemi

fullur / tómur

plein / vide

harður / mjúkur

dur / souple

þungur / léttur

lourd / léger

svangur / þyrstur

faim / soif

lasinn / heilbrigður

malade / sain

ólöglegur / löglegur

illégal / légal

greindur / heimskur

intelligent / stupide

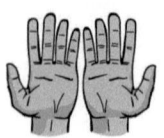

vinstri / hægri

gauche / droite

nálægur / fjarlægur

proche / loin

nýr / notaður

nouveau / usé

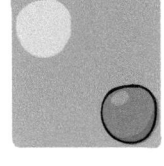

ekkert / eitthvað

rien / quelque chose

gamall / ungur

vieux / jeune

kveikt / slökkt

marche / arrêt

opna / loka

ouvert / fermé

Lágvær / hávær

faible / fort

rikur / fátækur

riche / pauvre

rétt / rangt

correct / incorrect

grófur / sléttur

rugueux / lisse

rgbitinn / hamingjusamur

triste / heureux

stutt / lengi

court / long

hægt / hratt

lent / rapide

blautur / þurr

mouillé / sec

heitur / kaldur

chaud / froid

stríð / friður

guerre / paix

0

núll

zéro

1

einn

un / une

2

tveir

deux

3

þrír

trois

4

fjórir

quatre

5

fimm

cinq

6

sex

six

7

sjö

sept

8

átta

huit

9

níu

neuf

10

tíu

dix

11

ellefu

onze

12

tólf

douze

13

þrettán

treize

14

fjórtán

quatorze

15

fimmtán

quinze

16

sextán

seize

17

sautján

dix-sept

18

átján

dix-huit

19

nítján

dix-neuf

20

tuttugu

vingt

100

hundrað

cent

1.000

þúsund

mille

1.000.000

milljón

million

Enska

anglais

Amerísk enska

anglais américain

Mandarin-kínverska

chinois mandarin

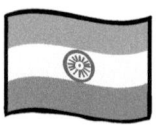

Hindí

hindi

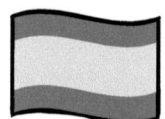

Spænska

espagnol

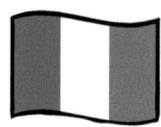

Franska

français

Arabíska

arabe

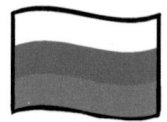

Rússneska

russe

Portúgalska

portugais

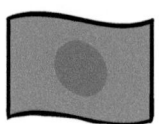

Bengali

bengali

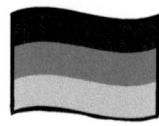

Þýska

allemand

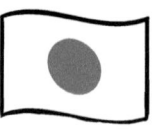

Japanska

japonais

ég

je

þú

tu

hann / hún / það

il / elle / ce, c', cela

við

nous

þú

vous

þeir

ils / elles

hver?

Qui ?

hvað?

Quoi ?

hvernig?

Comment ?

hvar?

Où ?

hvenær?

Quand ?

nafn

nom

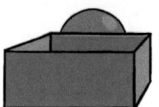

bakvið

derrière

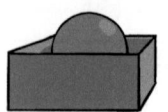

í

dans

fyrir framan

devant

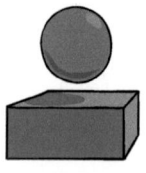

yfir

au-dessus

á

sur

undir

en-dessous

við hliðina

à côté de

milli

entre

sæti

lieu